FLORENCIA DÍAZ

POPCAKES, CUPCAKES & COOKIES

EDICIONES
Lea

Agradezco especialmente a mi familia por enseñarme a perseguir los sueños y apoyar mis proyectos siempre: a mi mamá y mi hermana que son mis ayudantes en las clases y trabajan a la par mío, a mi papá por ayudarme en múltiples tareas, a mi novio por apoyarme en mi profesión y ¡soportar todas mis locuras! También a mis amigos/as que siempre están listos para degustar las nuevas creaciones.

A nuestras alumnas y alumnitas que nos permiten trabajar de lo que nos gusta, nos comparten sus secretitos y hacen más divertidos nuestros días.

Digo gracias también a la editorial por confiar en mí para este libro, a todos los profesores que se cruzaron en mi camino, a los equipos de trabajo de los cuales formé parte, especialmente del canal, que me ayudaron a descubrir mi vocación.

Popcakes, cupcakes & cookies
es editado por
EDICIONES LEA S.A.
Av. Dorrego 330 C1414CJQ
Ciudad de Buenos Aires, Argentina.
E-mail: info@edicioneslea.com
Web: www.edicioneslea.com

Producción gastronómica: Estela, Camila, Flopi.
Producción fotográfica: Flopi Díaz

ISBN 978-987-718-318-4

Primera edición. Impreso en Argentina.
Diciembre de 2015. Gráfica Pinter.

Díaz, Florencia
    Popcakes, cupcakes y cookies / Florencia Díaz. - 1a ed . - Ciudad
Autónoma de Buenos Aires : Ediciones Lea, 2015.
    72 p. ; 16 x 17 cm. - (Nueva cocina ; 16)

    ISBN 978-987-718-318-4

    1. Repostería. 2. Decoración de Tortas. I. Título.
CDD 641.865

Introducción

¡Bienvenido! En este libro encontrarás muchas recetas para elaborar los más ricos popcakes, cupcakes y cookies. Te daré todos los tips para que puedas preparar una mesa dulce moderna con decoraciones originales, ya sea para vender o para preparar en el cumpleaños de tu hijo.

Como sabemos, en los últimos años las mesas dulces comenzaron a ocupar un lugar muy importante en todos los eventos. Los popcakes, cupcakes y cookies se decoran especialmente para la ocasión, siguiendo con la temática del evento de un cumple, una boda, una fiesta de quince o un evento corporativo. Se entregan como souvenir, se presentan junto a la torta o, incluso, la reemplazan. Por eso la mesa dulce ya no pasa desapercibida y quienes organizan la fiesta ponen especial atención en definir cada detalle de los productos que se exhibirán durante la reunión.

Soy una apasionada de la pastelería así que en este libro selección de mis recetas favoritas con mucho chocolate, dulce de leche y cosas ricas que a todos les encanta. Si te gusta decorar tortas, iniciaste un micro emprendimiento o simplemente te gustaría explorar este gran mundo de la repostería… ¡este libro es para vos!

Con una variedad de sabores y decoraciones para probar, te invito a que recorras el libro y prepares las recetas teniendo en cuenta todos los tips descriptos. ¿Sos principiante?, no importa, todas las recetas están explicadas paso a paso para que te queden perfectas y puedas deleitar a tus seres queridos sin frustraciones. Incluso podés aprovechar para compartir un momento divertido con tu hijo, cocinando juntos. Y si ya sos una experta en el tema te sugiero leer y tomar en cuenta cada tip para quitarte las dudas y "chusmear" las nuevas tendencias en decoración, siempre hay algo nuevo para aprender.

Espero que les guste este libro y preparen las recetas para sus momentos más especiales porque cocinar es dar amor y ¿qué mejor forma de transmitirlo si no es deleitando a los que más queremos?

¿Empezamos?

Flor

Popcakes

Los popcakes son cualquier pieza comestible que se presente en un palito. Podemos hacer preparaciones especiales para hacer popcakes o bien aprovechar los restos de bizcochuelo, muffins, budines, etc. Hay moldes para hornearlos, donde se cocinan con el palito insertado y también hay maquinitas con forma redonda para luego solo pinchar el palito.

Pueden ser frutales, de galletitas rellenas compradas, de brownie, etc. Los más comunes son como trufitas que se bañan en chocolate y se decoran de múltiples maneras. En general se usa glasé o pasta de azúcar para su terminación, aunque hay opciones más simples como granas de colores.

Les propongo que en esta sección aprendamos a realizar ricos pop cakes y perdamos el miedo a decorarlos, sin moldes y sin ser expertos.

Popcakes Halloween

Ingredientes:
Galletitas rellenas redondas, cantidad necesaria - Baño de repostería de chocolate blanco, cantidad necesaria - Pasta de azúcar color blanco y negro, cantidad necesaria - Palitos de helado o chupetín, igual cantidad que las galletitas.

Preparación

1) Derretir el chocolate en el microondas a baja potencia o a baño maría.

2) Mojar la punta del palito con el chocolate e introducirlo en el centro de la galleta, donde está el relleno. Dejar secar.

3) Con la ayuda de una cuchara, bañar toda la galleta y escurrir dando pequeños golpecitos sobre el bol con chocolate. Pinchar en un telgopor y dejar secar.

4) Hacer dos bolitas blancas y pegar al popcake con un puntito de chocolate blanco derretido para que se adhiera.

5) Hacer dos bolitas más pequeñas color negro para ubicar en el centro de las bolitas anteriores, para simular los ojitos, y aplastar.

6) Colocar chocolate derretido en una manga con pico liso y hacer hilos sobre el popcake apoyado boca arriba.

No utilizar palitos gruesos porque, dependiendo de la marca y la galletita, es muy posible que no entren.

Banana Pop

Ingredientes:

Bananas, cantidad necesaria - Baño de repostería de chocolate semiamargo, cantidad necesaria - Granas de colores, a gusto - Palitos de chupetín o helado, cantidad necesaria.

Preparación

1) Pelar las bananas y cortarlas a la mitad.

2) Derretir el chocolate, mojar la puntita del pop e introducirlo en la banana.

3) Esperar unos minutos para que seque y luego bañar completamente.

4) Pinchar en un telgopor y decorar con granas de colores.

Estos pop son para comer en el momento porque la fruta tiende a deteriorarse rápidamente. Puede reemplazarse la banana por frutillas y otras frutas. También se pueden armar pinchos de fruta y hacer el pop de varios sabores.

Popcakes super fáciles

Ingredientes

Cubanitos, cantidad necesaria - Dulce de leche repostero, cantidad necesaria - Baño de repostería de chocolate semiamargo, cantidad necesaria - Sprinkles y granas de colores, a gusto - Palitos para chupetín o helado, igual cantidad que la de los cubanitos.

Preparación

1) Colocar el dulce de leche repostero en una manga y rellenar los cubanitos

2) Derretir el chocolate y sumergir la punta del palito en el chocolate e introducir en el cubanito, justo donde está el dulce de leche.

3) Llevar un momento al freezer para que tome consistencia el dulce de leche y se adhiera el palito.

4) Cubrir el cubanito de chocolate y dar suaves golpes contra el bol para que caiga el excedente.

5) Decorar con granas de colores.

Cuando se bañe el cubanito no hay que demorarse demasiado porque al estar frío y entrar en contacto con el chocolate, se va a secar muy rápido y puede quedar desprolijo si no nos apuramos.

Pop Bombón

Ingredientes

Chocolate con leche, cantidad necesaria - Confites de colores, a gusto - Palitos de helado o chupetín, cantidad necesaria.

Preparación

1) Picar el chocolate y colocarlo en un recipiente apto para microondas.

2) Calentar de a 10 segundos a baja potencia, revolviendo cada vez para evitar que el chocolate se queme.

3) Colocar papel manteca sobre una bandeja y ubicar allí los palitos separados.

4) Llenar una manga con el chocolate derretido y hacer un círculo, que ocupe una parte del palito para que luego se sostenga. Rellenar.

5) Aún fresco el chocolate, debemos salpicar con los confites y dejar secar.

6) Desmoldar y presentar pinchados en un telgopor.

Puede reemplazarse el chocolate con leche por chocolate blanco o semiamargo. Para acelerar el proceso de secado sobre todo en verano, se puede llevar la bandeja unos minutos a la heladera. Estos pop son ideales para souvenirs de cumpleaños infantiles y se suelen entregar envueltos en una bolsita con un moño.

Popcakes de coco

Ingredientes

150 g de vainillas - 50 g de coco rallado - Dulce de leche repostero cantidad necesaria- Palitos de helado o chupetín, cantidad necesaria - Baño de repostería de chocolate blanco, cantidad necesaria - Granas, a gusto.

Preparación

1) Desmenuzar o procesar las vainillas. Agregar el coco rallado y mezclar.

2) De a poco, colocar dulce de leche hasta formar una pasta dura.

3) Hacer bolitas pequeñas, como si hiciéramos trufas. También se pueden hacer formas cilíndricas, cuadradas, etc.

4) Picar el chocolate y derretirlo a baño maría o en el microondas.

5) Mojar el extremo del palito con chocolate e insertarlo en el medio de la bolita apoyada en una bandejita. Este proceso es para que no se caigan las bolitas cuando se sumerjan en el chocolate.

6) Esperar que seque (el chocolate pierde brillo) y luego bañar toda la bolita ayudándonos con una cuchara, escurrir y pinchar en un telgopor hasta secar completamente. Salpicar con granas cuando el chocolate esté aún fresco.

Los popcakes se pueden hacer con distintos ingredientes, como bizcochuelos, budines, etc. El dulce de leche debe ser repostero para que no se deformen las bolitas. Las bolitas deben ser pequeñas para no caerse del palito.

Popcakes brownie de Navidad

Ingredientes

30 g de manteca - 50 g de chocolate cobertura - 1 huevo - 70 g de azúcar - 30 g de harina 0000
Para la decoración: Baño de repostería de chocolate semi amargo, cantidad necesaria - Crema vegetal sabor vainilla, cantidad necesaria - Frutillas, gusto - Azúcar impalpable, a gusto - Palitos de helado o chupetín, cantidad necesaria.

Preparación

1) Mezclar el huevo y el azúcar. Agregar el chocolate derretido con la manteca y unir.

2) Incorporar la harina. Volcar en un molde pequeño enmantecado y enharinado y cocinar a 180°C unos minutos. El punto justo es cuando insertamos un palito y sale apenas manchado (apenas crudo, para que quede húmedo después).

4) Una vez frío, cortamos con un cortante circular pequeño (de 3 a 5 cm de diámetro, aproximadamente).

5) Derretimos el baño de repostería, mojamos la punta de un palito y pinchamos el circulito. Dejamos secar

6) Luego, batimos crema a punto chantilly, colocamos en una manga con pico rizado y hacemos un circulo sobre el círculo de brownie.

7) Lavamos las frutillas y les cortamos el cabito. Apoyamos las frutillas invertidas sobre los popcakes y espolvoreamos con azúcar impalpable antes de servir.

Popcakes Súper black

Ingredientes:
1 brownie, preparado como en la receta de "Popcakes brownie de Navidad", cantidad necesaria - 2 cucharadas de cacao negro - 75 g de chocolate semi amargo - 75 cc de crema de leche - Pastillaje, a gusto - Colorantes en pasta, cantidad necesaria - Azúcar impalpable, a gusto - Palitos de helado o chupetín, cantidad necesaria.

Preparación

1) Calentar la crema y volcarla sobre el chocolate picado. Dejar enfríar.

2) Desmenuzar el brownie y agregar el cacao y la ganache (la cremita de chocolate que hicimos recién).

3) Hacer bolitas con la preparación anterior.

4) Derretir el chocolate en el microondas o a baño maría. Mojar la punta de los palitos e insertar en las bolitas. Dejar secar.

5) Bañar completamente la bolita con el chocolate, escurriendo sobre un bol para que caiga el excedente de chocolate.

6) Para la decoración: colorear y amasar el pastillaje con colorantes en pasta. Estirar sobre la mesada espolvoreada con azúcar impalpable y cortar florcitas.

7) Dejar secar sobre una huevera, para que tomen la forma curva. Una vez secas, decorar con un punto de glasé en el centro. Pegar al popcake con un poquito de glasé o bien colocándola antes que seque el chocolate.

Popcakes de avena

Ingredientes

100 g de avena instantánea - Dulce de leche repostero, cantidad necesaria -
20 g de cacao dulce - Baño de repostería de chocolate amargo, cantidad necesaria - Gel o jalea de brillo
en frío, cantidad necesaria - Granas o sprinkles, a gusto - Palitos de helado o chupetín, cantidad
necesaria.

Preparación

1) En un bol colocar la avena, el cacao y, de a poco, el dulce de leche. La textura debe ser para formar bolitas duras y prolijas, sin grietas.

2) Derretir el chocolate, mojar el extremo del palito e insertar en la bolita boca abajo.

3) Una vez seco, bañar completamente y dar golpes suaves para que caiga el exceso de chocolate. Dejar secar pinchados en un telgopor.

4) Con un pincel y jalea de brillo, marcar un dibujo, por ejemplo, rayas verticales.

5) Rodar el popcake en un recipiente con granas para que se peguen donde colocamos la jalea de brillo.

Si no tenemos telgopor en casa para presentarlo, podemos utilizar un vaso largo en su reemplazo.

Cupcakes

Los cupcakes son muffins decorados, cuyos frostings y decoraciones pueden variar según el gusto de cada uno. Por su tamaño son prácticos para comer y hasta llegan a reemplazar la torta principal de algunos cumpleaños y casamientos. Además nos permiten hacer infinitas combinaciones de sabores para conformar a todos los invitados. Se los suele agrupar en una torre para cupcakes y se acomodan en diferentes pisos.

Se llama "Cupcake" dado que en inglés la palabra "Cup" significa taza y "Cake" es torta. Su nombre se debe a que eran horneados en tazas antes de que existieran los pirotines

Son muy fáciles de preparar y, según cómo los decoremos, podemos adaptarlos a la temática elegida para el cumple de un chico, o bien personalizarlos según quieran los novios para entregar como souvenirs en su boda.

Los muffins se convierten en "Cupcakes" cuando les agregamos la decoración, ese copo de crema (u otra cosa) que se denomina "Frosting".

Dentro del mundo de los cupcakes, podemos encontrar todo un mercado, que incluye moldes especiales de silicona o teflón y de varios tamaños, cajas, toppers (es lo que se pone arriba como un cartelito de papel parado con un palito que pincha el copo), wrappers (papel con diseño que cubre y decora el pirotín), y granas o sprinkles para dar el toque final.

Cupcakes chocolatosos

Ingredientes

180 cc de crema de leche - 140 g de azúcar impalpable - 2 huevos - 1 cucharita de polvo para hornear - 25 g de cacao amargo - 2 cucharaditas de café instantáneo - 160 g de harina 0000. **Para la crema mousse de chocolate para decorar:** 300 ml de crema de leche - 50 g de chocolate cobertura semiamargo - 2 cucharadas de cacao amargo - 2 cucharadas de azúcar impalpable - licor de chocolate, a gusto.

Preparación

1) Mezclar el azúcar impalpable y la crema de leche, sin batir. Lo único que haremos es integrar ambos ingredientes, logrando una "crema". Se formará rápidamente porque la textura del azúcar impalpable es muy suave y facilita este paso.

2) Agregar los huevos de a uno.

3) Incorporar los ingredientes secos: cacao amargo, polvo para hornear, harina, café. ¿Por qué utilizamos café si los muffins son de chocolate? Esa pequeña proporción de café que agregamos, ayudará a intensificar el sabor del cacao y también su coloración.

4) Llenar los pirotines a 3/4 y hornear a 200ºC dentro de un molde de teflón o silicona. El tiempo estimado de cocción es de 25 minutos o hasta que introduzcamos un palillo y al retirarlo, salga limpio.

5) Para el frosting: primero calentar 50 cc de la crema y volcar sobre el chocolate picado. Revolver y enfriar en heladera.

6) En un bol batir el resto de la crema a punto chantilly, agregar el azúcar y el cacao tamizados con moviemientos suaves.

7) Incorporar el licor y la cremita de chocolate fría. Colocar la crema en una manga con pico rizado grande y realizar copos sobre los muffins fríos.

Cupcakes de vainilla multicolor

Ingredientes

290 g de harina leudante - 100 g de manteca punto pomada - 200 g de azúcar - 3 huevos - 100 cc de leche - Esencia de vainilla - Colorantes - **Para la decoración:** 200 cc de crema vegetal sabor vainilla - Sprinkles.

Preparación

1) Batir la manteca con el azúcar.

2) Agregar los huevos de a uno y la esencia de vainilla.

3) Incorporar la mitad de la leche y la mitad de la harina.

4) Colocar las mitades restantes de leche y harina.

5) Repartir la mezcla en potes, de acuerdo a la cantidad de colores que queramos teñir.

6) Colorear la mezcla en los recipientes y llenar cada pirotin con varios colores.

7) Colocar en una muffinera de teflón o silicona. Hornear a 180ºC, hasta introducir un palillo y que éste salga limpio. Dejar enfriar.

8) Para la decoración, batir crema a punto chantilly, colocar sobre el muffin frío con una cuchara y decorar con sprinkles.

Cupcakes de limón

Ingredientes

280 g de harina 0000 - 2 cucharaditas de polvo de hornear - 100 g de manteca - 240 g de azúcar - 3 huevos - Ralladura de naranja, limón, mandarina o de cualquier cítrico - 30 ml de leche - 60 ml de jugo de fruta - **Para el glasé:** jugo de la fruta elegida, cantidad necesaria - 2 tazas de azúcar impalpable - Flores de pasta de goma.

Preparación

1) Batir la manteca con el azúcar. Incorporar la ralladura del cítrico elegido. (Atención: nunca rallar la parte blanca de la fruta).

2) Agregar los huevos de a uno.

3) Incorporar la leche y la mitad de la harina.

4) Agregar el jugo recién exprimido y colado.

5) Colocar el resto de la harina e integrar todo bien.

6) Rellenar los moldes de muffins y colocar en una muffinera de teflón o silicona. Hornear a 180°C hasta introducir un palillo y que éste salga limpio. Dejar enfriar.

7) Para la decoración con glasé: primero mezclar el azúcar impalpable con el jugo de la fruta elegida. Se puede preparar un glasé líquido y que se derrame sobre el cupcake o uno espeso que se acomode sobre el muffin con la ayuda de una cuchara.

8) Para las flores: amasar la pasta de goma, estirar sobre la mesada untada con manteca y con cortantes de flor de diferentes medidas, cortar y superponer dejando abajo la forma más grande. Dejar secar en una huevera para que tomen forma curva. Colocar encima del glasé fresco para que se pegue.

Carrot Cupcakes

Ingredientes

170 g de zanahorias ralladas - 130 cc de jugo de naranja - 200 g de manteca - 400 g de azúcar - 100 g de nueces y/o almendras - 400 g de harina 0000 - 2 cucharaditas de polvo de hornear - 1 cucharadita de canela - 2 huevos - **Para la crema de queso**: 200 ml de crema de leche - 200 g de queso crema - Azúcar impalpable, a gusto.

Preparación

1) Para hacer los muffins, primero batir la manteca con el azúcar. Luego agregar los huevos de a uno.

2) Incorporar las zanahorias ralladas con el jugo de naranja y mezclar con la preparación anterior. Por último, colocar los ingredientes secos.

3) Picar las frutas secas y agregar a la mezcla.

4) Llenar los pirotines sin llegar hasta arriba dado que, como todos los muffins, la preparación tiene polvo de hornear y crecerá durante su cocción.

5) Hornear a 180ºC por aproximadamente 40 minutos (o hasta insertar un palillo y que salga limpio).

6) Para la crema de queso, primero batir la crema a punto chantilly. Luego, agregar suavemente el queso y el azúcar.

7) Llenar una manga con pico rizado y reservar en heladera hasta el momento de su uso.

8) Dejar enfriar los muffins y decorar con la crema de queso.

Red Velvet Cupcakes

Ingredientes

50 ml de aceite neutro (girasol, maíz) - 150 g de azúcar - 1 huevo - 3 cucharadas de cacao - Colorante rojo - 120 cc de leche - 2 cucharadas de jugo de limón - 150 g de harina 0000 - ½ cucharadita bicarbonato de sodio.

Preparación

1) Mezclar el aceite con el azúcar, agregar el huevo y la esencia.

2) Añadir la leche, la harina y el cacao.

3) En un platito colocar el bicarbonato y lo "activamos" con el jugo de limón recién exprimido. Vamos a ver que empieza a efervescer y a llenarse de burbujas. Lo agregamos a la mezcla.

4) Por último, colocamos el colorante rojo. En Argentina usamos colorantes en pasta, pero pueden ser también en gel.

5) Colocar la mezcla en pirotines dentro de un molde de teflón y hornear a 180 °C hasta insertar un palillo y que salga limpio. Se cocinan en 20 minutos aproximadamente.

Se pueden decorar con la misma crema de queso que detallamos en la receta de Carrot Cupcakes o la crema mousse de chocolate de los Cupcakes súper chocolatosos.

Cupcakes de chocolate y café

Ingredientes

100 g manteca punto pomada - 250 g de azúcar - 2 huevos grandes - 180 cc de crema de leche - 250 g de harina leudante - 20 g de cacao amargo - 10 g de café instantáneo - Licor de café al cognac a gusto - 150 g de chips de chocolate.

Preparación

1) Batir la manteca y el azúcar.

2) Agregar de a uno los huevos y continuar batiendo.

3) Añadir el licor de café y la crema.

4) Incorporar los ingredientes secos. Por último, sumar los chips de chocolate y volcar la mezcla sobre los pirotines para hornear.

5) Hornear a 200 °C por 45 minutos. Retirar y dejar enfriar.

Cupcakes choco blanco y nueces

Ingredientes

80 g de manteca - 150 g de azúcar - 220 g de harina leudante - 3 huevos - 100 g de chocolate blanco - 250 g de nueces - **Para la decoración:** baño de repostería de chocolate blanco, cantidad necesaria - Nueces cantidad necesaria.

Preparación

1) Batir la manteca con el azúcar. Agregar los huevos de a uno y continuar batiendo.

2) Derretir el chocolate blanco y agregar a la preparación.

3) Por último, añadir la harina y las nueces picadas.

4) Volcar la mezcla en pirotines sin llegar hasta arriba y hornear a 180°C hasta insertar un palillo y que éste salga limpio.

5) Decorar con chocolate blanco y nueces, y servir.

Podemos preparar esta receta en un molde de budín y disfrutarlo en rodajas.

Tres decoraciones con pastillaje

Siempre pensamos que la decoración es un tema de último momento. Les propongo dos opciones para que puedan adelantar la decoración de sus próximos cupcakes con poca técnica y mucha creatividad.

1) Estirar el pastillaje previamente amasado. No hay que olvidarse de colocar azúcar impalpable en la mesada para que no se pegue y en el palo también, si fuera necesario. Cortar con cortantes circulares rizados. Dejar secar. Mientras, preparamos un moño. Para eso amasamos y coloreamos pasta de goma. Estiramos la pasta de goma sobre la mesa engrasada con manteca o margarina y cortamos una tirita de 3 cm x 7 cm. Unimos los extremos y pegamos, formando un moño. Apretamos en el centro y cortamos una tirita para tapar la unión. Finalmente cortamos otra tirita de 3 cm x 7cm y la cortamos a la mitad. A cada mitad le quitamos un triangulito en la punta, para formar los lazos del moño. Pegamos todas las piezas con un poquito de glasé y finalmente pegamos sobre el círculo. Dejamos secar y luego lo aplicamos sobre cualquier muffin.

2) Estirar el pastillaje previamente amasado. Vale la recomendación anterior de no olvidarse de colocar azúcar impalpable en la mesada. Cortar con cortantes circulares rizados. Con la punta de picos o piezas circulares debemos ir sacando partecitas siguiendo un diseño, para que quede similar a un encaje. Con un palillo podemos ayudarnos a marcar o perforar la pieza. Dejar secar y aplicar sobre cualquier muffin.

3) Estirar el pastillaje y cortar como ya explicamos. Dejar secar. Colocar colorante alimentario en pasta sobre el sello que usaremos y presionar sobre el círculo de pastillaje. Dejar secar.

Otros frostings para cupcakes

Cremas vegetales

Las cremas vegetales son cremas no lácteas que vienen listas para batir y usar. Existen de varias marcas y sabores (generalmente son de frutilla, vainilla, chantilly y chocolate).

La gran ventaja que ofrecen es que algunas de ellas pueden permanecer fuera de heladera una vez batidas, lo cual nos permite rellenar y/o decorar tanto una torta como cupcakes y que estén en exposición durante todo el evento.

Trabajé en una empresa líder en este producto en nuestro país y es por eso que hago hincapié en mis talleres en las decoraciones con crema. Las usamos muchísmo ya que su estabilidad ayuda a lucir nuestros productos. El sabor no reemplaza al de una crema de leche, pero les aseguro que en cuanto las prueben y vean sus ventajas, las utilizarán habitualmente.

A continuación, algunas opciones de rellenos usando estas cremas como base y solo mezclándolas con otros ingredientes.

Crema mousse con galletitas:

Crema tipo vegetal batida sabor vainilla o chantilly - Dulce de leche repostero - Galletitas de chocolate embebidas en café.

Crema de menta granizada:

Crema tipo vegetal batida sabor vainilla o chantilly - Licor o esencia de menta - Chips de chocolate.

Crema de café:

Crema tipo vegetal batida sabor vainilla o chantilly - Café instantáneo disuelto en algún licor - Chips de chocolate y nueces trozadas.

Crema bombón

Crema tipo vegetal batida sabor vainilla o chantilly - Bombones cortados en pedacitos.

Crema tramontana

Crema tipo vegetal batida sabor vainilla o chantilly - Microgalletitas bañadas en chocolate - Dulce de leche repostero.

Crema frutal

Crema tipo vegetal batida sabor vainilla, chantilly o chocolate - Frutillas o duraznos.

Cookies

En los últimos años las cookies han ganado territorio en las mesas dulces infantiles. Antes se las veía solitas, cortadas con formas básicas y, como mucho, se las decoraba con un poco de azúcar impalpable. Pero hoy, las cookies son todo un mercado. Incluso hay gente que se dedica solamente a comercializar galletas decoradas.

Si bien decorar cookies parece algo difícil, es realmente simple y las técnicas se perfeccionan con la práctica. Así que, si uno pone empeño en lo que hace y tiene mucha paciencia, salen perfectas. El secreto está en el punto del glasé que no sólo tiene que ver con seguir la receta, sino también con la temperatura de nuestras manos, el clima y la práctica.

Se pueden presentar en platitos alrededor de la torta, o bien utilizarlas como souvenir y entregarlas envueltas en una linda bolsita transparente con una cintita bebé y la tarjeta de agradecimiento al finalizar la fiesta.

¡Se ven tan lindas en las mesas temáticas! Y esta receta de masa de cookies además de ser adecuada para decorar, es deliciosa por sí sola, así que a animarse.

Receta básica para cookies

Ingredientes

300 g de harina 0000 - 180 g de manteca - 100 g de azúcar impalpable - 1 huevo - Unas gotas de esencia de vainilla.

Preparación

1) Colocar en un bol la harina y el azúcar. Agregar la manteca cortada en cubitos y deshacerla formando un arenado, ayudándonos con la punta de los dedos.

2) Agregar el huevo y la esencia de vainilla. Sólo unir. Dejar enfriar en la heladera 1 hora o 15 minutos en el freezer.

3) Estirar en la mesada apenas enharinada. ¡Cuidado!, que no queden muy finitas. Luego cortar con la forma que se desee.

4) Hornear a 200 ºC hasta que los bordes se vean apenas dorados.

5) Retirar y dejar enfriar sobre una rejilla.

Si queremos preparar cookies de chocolate, debemos reemplazar el 10% de harina por cacao amargo. Obviamente, podemos hacerlas de limón, naranja, etc., agregándole ralladura a la mezcla de manteca y azúcar.

Royal Icing para decorar

Ingredientes

2 tazas de té de azúcar impalpable - 2 cucharadas de merengue en polvo - Agua, cantidad necesaria - Colorantes, cantidad necesaria.

Preparación

1) Batir el azúcar con el merengue en polvo y 3 cucharadas de agua.

2) Agregar agua hasta lograr la consistencia que necesitemos.

3) Colorear y colocar en una manga con pico liso.

Cuando hagamos cookies, necesitaremos dos consistencias de icing o glasé: una más espesa (para los contornos y detalles) y otra más líquida, "fluida", para rellenar.

- Glasé espeso: para corroborar que la consistencia es la correcta debemos levantar la cuchara y sin costarnos demasiado podemos hacer un dibujo con la cuchara sin que se borre.

- Glasé fluido: debemos levantar la cuchara y realizar un dibujo sobre el mismo glasé. Si contamos hasta 6 y el dibujo se fundió completamente, entonces está perfecto.

Personalmente preparo un glasé duro y lo separo en 5 recipientes para colorear. Y aparte hago el doble de la receta de glasé para hacer el fluido y reparto en 5 igual que antes. En total, preparo 3 recetas de glasé. Tengamos en cuenta que el más espeso se usa menos que el fluido dado que solo es para bordes y detalles.

Una vez que los separamos, teñimos cada color con un palillito y colorante. Revolvemos bien para que el tono sea uniforme y llenamos cada manga con su pico liso. Cerramos las mangas con una gomita elástica para que no se derrame el glasé (sobre todo el fluido.)

Tengamos en cuenta que si usamos colorantes en gel la consistencia puede variar, aligerando el glasé. Lo mismo sucede si utilizamos colorantes en pasta y queremos lograr tonos subidos como negro o rojo y le colocamos bastante colorante. En cualquier caso, espesamos la mezcla con más azúcar impalpable.

Ahora bien, ¿qué picos usar? Para el tamaño de cookies que suelo realizar (que son las de tamaño estándar) van muy bien los siguientes picos:

- Número 0 y 1 (glasé espeso): para bordes, escritura y detalles en general.

- Numero 2 y 3: para rellenar (aunque por ser fluido no va a copiar la forma, o sea que puede utilizarse la manga sin ningún pico).

Supongamos que ya tenemos la galleta fría, nuestras mangas preparadas y todo listo para decorar. ¡Este es mi momento favorito!

Vamos a comenzar haciendo todos los bordes. Si es necesario, cambiamos de color. Y si tenemos previsto rellenar una galleta con dos o más colores, marcaremos el límite con glasé espeso como si fuera el borde. Dejamos secar los bordes de todas las galletas. Van a notar que con esta receta, el glasé seca rápido, incluso si hay humedad. Media hora después, aproximadamente, podemos comenzar a rellenar y decorar. Veamos algunas decoraciones

Decoración de cookies con escritura o apliques

Vamos a utilizar el glasé fluido y rellenaremos cada galleta sin llegar a los bordes porque pueden sobrepasar y derramarse. Yo prefiero llegar a los bordecitos con un alfiler o un palillito y cuando apenas toca el glasé del borde, ya está. Damos unos pequeños golpecitos a la galleta para que quede más parejo el relleno y dejamos secar.

Mientras, podemos preparar los apliques. Una opción es hacer florcitas de glasé (o comprarlas hechas.) También podemos imprimir algún dibujo que nos guste y que sea simple. Yo elegí el diseño de "Feliz Día". Hay muchas opciones en Internet si buscamos la palabra "piping" acompañada de "pattern" o alguna variante (siempre hay más opciones buscando en inglés que en castellano.) Podría haber elegido un corazón, una flor, una letra, etc.

Lo ideal para practicar es dibujar en una hoja con un marcador o bien algunos garabatos, una letra o la frase que vamos a escribir. Se debe colocar encima una hoja de acetato (puede ser una radiografía lavada con agua y lavandina). Sobre el acetato podemos practicar infinitas veces hasta sentirnos seguras. Incluso, en vez de acetato podemos usar una hoja de papel manteca y, si el dibujo lo permite y no es muy finito, lo hacemos, dejamos secar y después lo retiramos y aplicamos con un poquitito de glasé sobre la galletita directamente. 12 horas después de haber rellenado la cookie, comenzamos a hacer los detalles que querramos, como escritura, lunares, corazoncitos o como les decía, aplicar las piecitas que ya tengamos hechas. Dependiendo de las cookies que se quiera obtener, tal vez se necesite dejarlas secar unas horas más para seguir decorándolas.

Cookie "I Love You"

1) Lo primero que haremos son los bordes con el color rosa espeso. Luego rellenamos con el color rosa fluido y decoramos los bordes con negro espeso bien finito para que quede delicado, realizando semicírculos alrededor del corazón.

2) Para la escritura de "I Love" lo que hice fue practicarla antes de escribirla en la galleta. De todos modos existen unos marcadores comestibles que podemos usar para escribir y también como guía cuando "repasamos" con la manga.

3) Nos falta preparar triangulitos para el banderín. Podemos hacerlos aparte sobre un papel manteca y colocando debajo una guía, dejarlo secar y pegarlo a la galletita una vez que podamos "desmoldarlo" o bien, hacerlo directamente sobre la galletita.

4) Finalmente y una vez todo seco, escribimos "You" sobre los banderines.

Como vemos, esta cookie fue decorada en 4 pasos. Lo que recomiendo es que no hagan más de 4 etapas, porque al dejar las galletas destapadas para que sequen pierden un poco de calidad en cuanto a la textura. Pueden endurecerse o ablandarse según el clima. Así que es bueno saber priorizar el sabor o la decoración según corresponda.

La mayoría de las fotos de cookies que uno ve, se hacen con estas técnicas y una combinación de ellas.

Cookies animal print

Hay quienes hacen glasé de una sola consistencia y lo usan para todo. Es un punto intermedio entre el duro y el fluido. Para estas cookies, sugiero realizar este glasé.

Primero realizamos los bordes de la galletita y rellenamos (todo en el mismo paso). Enseguida, con color negro de la misma consistencia, haremos rayas irregulares horizontales por encima y afinaremos los bordes negros con un alfiler.

¡Listo!

También hay otro tipo de cebrados, que veremos más adelante.

Tras hacer algunas cookies, notarán que las prepararán cada vez más rápido y fácil. ¡La práctica es todo en este trabajo!

Cookies técnica "wet on wet"

Utilizaremos el glasé de consistencia intermedia, tal como explicamos en el paso a paso de las "cookies animal print".

Comenzaremos delineando los bordes y rellenando la galleta, todo en el mismo paso. Tengamos en cuenta no rellenar con demasiada cantidad de glasé porque ahora agregaremos más cantidad de éste cuando hagamos los detalles y, si nos excedemos, se va a derramar por los costados, es decir que apenas cubrimos con el primer glasé.

Con glasé de la misma consistencia colocado en manga con pico liso como siempre, vamos a hacer lunares sobre la galletita fresca. Podemos realizar corazones, rayitas o cualquier otra forma. Luego debemos dar suaves golpes para que se nivelen y queden prolijas.

Cookie pop "wet on wet"

1) Debemos rellenar la cookie con el glasé ni muy fluido ni muy líquido. Luego, con dos glasés de la misma consistencia y diferentes tonos, haremos rayitas horizontales.

2) Inmediatamente con un alfiler vamos a arrastrar el glasé en sentido vertical: de arriba para abajo y de abajo para arriba. Es muy importante no tardar mucho en este paso porque el glasé comenzará a secarse y se puede craquelar. También sugiero limpiar el alfiler cada vez que vamos a arrastrar para que quede prolijo y sin mezclas de colores.

3) Para convertir esta galleta en un pop, debemos dejar secar completamente la cookie ya que al pegar con el palito debe quedar boca abajo.

4) Colocaremos por detrás un palito que abarque un buen tramo de la galleta y lo pegamos con el mismo glasé, dejándolo secar, como ya dijimos, boca abajo.

Cookies bicolor

Ingredientes

Masa de cookies de vainilla - Masa de cookies de chocolate - Yema de huevo.

Preparación

1) Preparar las masas de galletita tal como se explicó anteriormente y dejar enfriar.

2) Sobre la mesada enharinada estirar la masa de vainilla y cortar bastones de 1 cm por 1 cm.

3) Repetir el proceso con la masa de chocolate.

4) Encimar los bastones de forma intercalada, así quedará un diseño similar a un damero.

5) Pegar las zonas de contacto con un pincel y yema batida.

6) Envolver en papel film y dejar enfriar.

7) Con una cuchilla cortar galletas de 1cm de espesor y acomodar en una placa.

8) Hornear a 200ºC hasta apenas dorar.

Galletitas con transfer

Ingredientes

Masa de cookies - Baño de repostería de chocolate blanco - Transfers para chocolate

Preparación

1) Preparar la masa de cookies tal como tal como se explicó anteriormente. Estirar y cortar círculos pequeños.

2) Hornear y dejar enfriar.

3) Picar y derretir chocolate en un bol como ya hemos explicado.

4) Preparar un molde de silicona con forma circular, como mínimo 2 cm más grande que las cookies.

5) Cortar el transfer de la medida del molde que usaremos.

6) Colocar el transfer en el huequito del molde y volcar un poquito de chocolate. Rápidamente colocar la cookie y, opcionalmente, cubrir con más chocolate.

7) Dejar enfriar y desmoldar.

Siempre sugiero hacer esta receta con chocolate blanco para que se destaque el dibujo del transfer. ¡No olvidar retirar el acetato del transfer antes de servir! Si no tenemos el molde de silicona, podemos simplemente bañar las galletitas y apoyar el transfer por encima para que copie el diseño.

Cookies con relieve

Si queremos realizar unas galletitas originales, sin dedicar tiempo al decorado, texturizarlas es una muy buena alternativa. A continuación les cuento cómo hacerlo.

Preparación

1) Realizar la masa de galletitas del sabor que deseemos.

2) Estirar la masa de cookies.

3) Colocar un poco de harina al sello con relieve.

4) Marcar la masa y cortar un círculo por el contorno. Acomodar en una placa y congelar antes de hornear.

5) Hornear a 200°C hasta apenas dorar.

Los sellos deben ser profundos para que se marque el dibujo. Este tipo de sellos se consiguen en reposterías o librerías artísticas.

Cookies decoradas sin manga

Si la decoración de cookies que ya vimos resulta muy difícil por falta de tiempo, pulso o paciencia, hay muchas otras formas de decorarlas. A continuación les muestro unas opciones simples y modernas para una cookie divina y sin esfuerzo,

Ingredientes: Masa de cookies - Pasta de azúcar para forrar tortas (o fondant extendido) - Azúcar impalpable - Royal icing - Colorantes - Marcadores comestibles - Lámina comestible (de arroz) - Gel o jalea de brillo en frío

Preparación

Supongamos que ya tenemos las cookies listas y frías, las opciones son las siguientes:

Cookie Stencil

1) Amasar la pasta y teñirla con colorante.

2) Colocar azúcar impalpable por abajo y por encima de la masa y estirar con el palo de amasar.

3) Apoyar un stencil y con una esteca lisa o cuchillo sin filo pasar el glasé para que marque el diseño.

4) Cortar con el mismo cortante (o una medida menos) que la cookie que decoraremos.

5) Colocar un poquitito de glasé en la cookie para que se pegue la masa y apoyar la pasta encima.

Cookie Escrita

1) Amasar y colorear la pasta de azúcar.

2) Estirar sobre azúcar impalpable y cortar con el mismo cortante que usamos para cortar la galleta en cuestión (o más chico).

3) Escribir con marcador comestible o con un pincel finito y colorante diluido en agua a mano alzada.

Cookie con aplique

1) Amasar y colorear la pasta de azúcar.

2) Estirar sobre azúcar impalpable y cortar con el mismo cortante que usamos para cortar la galleta en cuestión (o más chico.)

3) Recortar el dibujo como, por ejemplo, una flor de la lámina comestible.

4) Pincelar la forma del lado del revés con un poquito de agua y apoyar sobre la pasta de azúcar.

5) Pintar con la jalea de brillo transparente por encima.

Cookies efecto pizarrón

1) Colorear de negro un trozo de pasta de azúcar para cubrir tortas. Cortar con el mismo cortante con que realizamos la cookie, o bien una medida menor.

2) Colocar un poquito de glasé en la cookie y pegar la pieza de pasta de azúcar.

3) Poner colorante blanco en pasta en un recipiente y mezclar con unas gotitas de agua.

4) Con la ayuda de un pincel, dibujar a mano alzada sobre la pasta.

Cookies degradé

1) Estirar la pasta de cubrir tortas color blanca con un poco de azúcar impalpable y cortar con el mismo molde de la galleta. Pegar la pieza con un poquito de glasé.

2) En un platito colocamos colorante rosa en un lado y colorante blanco en otro. Mezclamos entre sí hasta lograr 5 tonos diferentes. Colocar unas gotitas de agua a cada color para que su textura nos permita trabajar con un pincel.

3) Usar un pincel chato y hacer pinceladas rectas sobre la pasta, siguiendo el degradé.

4) Dejar secar y, con un pincel finito y colorante negro, realizar el diseño que más nos guste.

Cookies de Navidad

Si nos gusta cocinar, es obvio que para las fiestas nos haremos cargo de la mesa dulce. Por supuesto las cookies son infaltables, así que les paso algunas ideas para tener en cuenta.

- Cortantes que no pueden faltar: campanitas, árbol, paquete de regalo, muñeco de jengibre, bota navideña.

- Los colores: verde, rojo, blanco y negro.

- Quedan muy bien presentadas en bolsitas transparentes con una cintita para cada invitado a modo de souvenir.

- Si les gusta organizar todo con anticipación, les sugiero preparar la masa de cookies, estirar, cortar y freezar las piezas. Luego, colocarlas en una bolsa para freezer, así duran 1 mes (y más también). Cuando se quiera cocinarlas, se acomodan las piezas en una placa para horno, se hornean y, finalmente se decoran.

Glosario de ingredientes

Los ingredientes de las recetas de este libro reciben nombres distintos en el mundo de habla hispana. Cada país tiene sus denominaciones propias y generalmente ignora las del resto de América y España. En este libro se han utilizado las denominaciones propias de Argentina pero, para que el lector latinoamericano no tenga dificultades de comprensión, incluimos el siguiente glosario.

Azúcar impalpable: azúcar glass.

Baños de repostería: Chocolate con aceites hidrogenados para derretir y usar.

Crema de leche: nata líquida.

Crema chantilly: crema de leche batida con azúcar hasta que espese.

Cubanitos: galletita dulce, crocante de forma cilíndrica y hueca.

Chupetín: paleta.

Dulce de leche: dulce de cajeta, manjar blanco, arequipe.

Dulce de leche para repostería: dulce de leche más espeso que el común, muy utilizado como relleno en la repostería argentina.

Esencia de vainilla: esencia o extracto de vainilla natural.

Frutilla: fresa.

Galletita: cookie.

Harina 000 y 0000: harina de trigo molida en grados distintos, la 0000 es más fina.

Harina leudante: harina con polvo de hornear.

Manteca: mantequilla.

Manteca a punto pomada: manteca ablandada, con una consistencia similar a una pomada.

Polvo de hornear: royal.

Queso crema: queso blanco, queso untable.

Vainillas: galletitas dulces de forma alargada.

Índice